Color Caro's

Orchids of Ecuador

24 single-sided
adult coloring designs
for
fun & relaxation!

Carolyn V. Hamilton

Swift House Press
7380 S. Eastern Avenue, Suite 124-216
Las Vegas, Nevada

The story of orchids in Ecuador

More than 4,200 documented species of orchids grow in Ecuador. This fact, combined with the highest orchid diversity of any country in the world, has caused Ecuador to be called the Orchid Garden of the World.

Here you can see wild orchids in all ecosystems throughout Ecuador almost year round. From the Galapagos Islands and the coast up over the Andes and down into the Oriente (Amazon region) orchids grow as epiphytes on trees and as lithophytes on rocks as well as rooted in soil. Most orchids are found in the country's humid cloudforests and rainforests.

Many orchids and pollinators—mainly insects—co-evolved together for mutual benefits. Orchids modified their flowers into curving shapes, bright colors and subtle smells to attract pollinators.

Curious facts about Ecuador's endemic orchids:

Orchids grow on a stalk called a pedicel which rotates 180 degrees during growth so that the mature flower hangs upside down.

The smallest orchid in the world grows in Ecuador. It is 2.1 mm wide and has transparent petals that are only one cell thick.

White orchids often bloom at night and attract moths, bats and other nocturnal animals.

Over thousands of years orchids have undergone evolutionary changes to survive both as soil plants and airborne plants, developing specialized roots that can gather moisture directly from the air.

The interesting monkey orchid, or monkey-faced orchid is only found in the mountains of Ecuador and Peru.

The main pollinators of orchids are bees.

Orchids are among the oldest plants in the world.

Orchids can be white, pink, lilac, red, yellow, green and even blue.

La Historia de Las Orquídeas en Ecuador

Más de 4.200 especies documentadas de orquídeas crecen en Ecuador. Este hecho, combinado con la diversidad de orquídeas más alto de cualquier país del mundo, ha causado en Ecuador para ser llamado el Jardín de Orquídeas del Mundo.

Aquí se puede ver orquídeas silvestres en todos los ecosistemas en todo el Ecuador casi todo el año. Desde las Islas Galápagos y la costa a lo largo de los Andes y hacia abajo en la (región amazónica) Oriente, las orquídeas crecen como epífitillas en los árboles y como litofiticas en las rocas, así como sus raíces en la tierra. La mayoría de las orquídeas se encuentran en bosques nublados y bosques tropicales húmedos del país.

Muchas orquídeas y polinizadores, principalmente insectos-co-evolucionaron juntos en beneficio mutuo. Orquídeas modificaron sus flores en formas curvas, colores brillantes y sutiles olores para atraer a los polinizadores.

Curiosidades de orquídeas endémicas del Ecuador:

Las orquídeas crecen en un tallo llamado pedicelo que gira 180 grados durante el crecimiento y la flor madura cuelga boca abajo.

La orquídea más pequeña del mundo crece en Ecuador que es de 2,1 mm de ancho y tiene pétalos transparentes que son sólo una célula de espesor.

Orquídeas blancas a menudo florecen por la noche y atraen a las polillas, murciélagos y otros animales.

Durante miles de años, las orquídeas han sufrido cambios evolutivos para sobrevivir tanto como las plantas de tierra y las plantas en el aire, el desarrollo de raíces especializadas que pueden recoger la humedad directamente del aire.

La orquídea mono interesante, o la orquídea mono-enfrentado sólo se encuentran en las montañas de Ecuador y Perú.

Los principales polinizadores de las orquídeas son las abejas.

Las orquídeas son algunas de las plantas más antiguas del mundo.

Las orquídeas pueden ser de color blanco, rosa, lila, rojo, amarillo, verde e incluso azul.

Where to see orchids in Ecuador

Quito, the capitol of Ecuador, has a large central park, La Carolina, where you'll find the **Quito Botanical Garden**. Inside the garden's orchid conservatory you'll find a warm, moist, mini-cloud forest environment. There are also separate greenhouses for cold climate orchids and for warm climate orchids.

Mindo is a cloud forest a couple of hours outside of Quito. There you'll want to visit the **Jardin de Orquideas.**

A couple of hours outside of Otavalo, you'll find the **Intag Cloud Forest Reserve**, also a cloud forest area. This reserve has more different species of orchids than the entire North American continent. To see the most blooms you'll want to visit in spring or summer.

An hour north of Quito is the **El Pahuma Orchid Reserve**, a cloud forest orchid reserve where you can see many different species of orchids along seven hiking trails. More than 200 species can be found here.

In Cuenca, the University of Cuenca is home to **The Cuenca Orchidarium**, with more than 360 different varieties of orchids on display. Best months to visit are May through December.

Southeast of the city of Puyo is the **Orchid and Botanical Garden of the Center for the Conservation of Amazonian Flora**. More than 350 species of Amazonian orchids are housed here.

In Southwest Ecuador, the **Podocarpus National Park** is home to 63 species of orchids. The park system includes lakes and waterfalls, and you can hike and camp. Wild orchids can be seen in abundance growing along the side of the road to the park.

In the city of Zamora, just before you enter the Podocarpus National Park, there are many small orchid gardens, with the **Orquideario Palphinia** being the one most recommended.

¿Dónde se puede ver las orquídeas en Ecuador

Quito, la Capital de Ecuador, tiene un gran parque central, La Carolina, donde se encuentra el **Jardín Botánico de Quito**. Dentro de invernadero de orquídeas del jardín encontrará un ambiente cálido y húmedo, mini-bosque nuboso. También hay invernaderos separados para las orquídeas de clima frío y de orquídeas de clima cálido.

Mindo es un bosque nuboso a un par de horas fuera de Quito donde tendrá que visitar el **Jardín de Orquídeas**.

Un par de horas fuera de Otavalo, se puede encontrar **La Reserva del Bosque Nuboso de Intag**, también una zona de bosque de niebla. Esta reserva cuenta con más especies diferentes de orquídeas que todo el continente de Norte América. Para ver la mayor cantidad de flores que querrá visitar en primavera o verano.

Una hora al norte de Quito es la **Reserva de Orquídeas El Pahuma**, una reserva de bosque nuboso de orquídeas donde se pueden ver muchas especies diferentes de orquídeas a lo largo de siete rutas de senderismo. Más de 200 especies se pueden encontrar aquí.

En Cuenca, la Universidad de Cuenca es sede de la **Orquideario de Cuenca**, con más de 360 diferentes variedades de orquídeas. Los mejores meses para visitar son de Mayo a Diciembre.

Al sureste de la ciudad de Puyo es el **Jardín Botánico Las Orquídeas del Centro para la Conservación de la flora amazónica**. Más de 350 especies de orquídeas amazónicas están alojados aquí.

En el suroeste de Ecuador, el **Parque Nacional Podocarpus** es el hogar de 63 especies de orquídeas. El sistema de parques incluye lagos y cascadas, y se puede caminar y acampar. orquídeas silvestres pueden verse en la abundancia creciente a lo largo del lado de la carretera al parque.

En la ciudad de Zamora, justo antes de entrar al Parque Nacional Podocarpus, hay muchos pequeños jardines de orquídeas, con el **Orquideario Palphinia** siendo el más recomendado.

Ecuagenera is an orchid farm about two kilometers outside of Cuenca on the road to Gualaceo. Here you can buy beautiful orchid plants.

You can also take specialized orchid tours in Ecuador, usually from two to six days.

Ecuador is a wonderful country for the orchid lover, as approximately three out of every ten endemic plants in Ecuador is an orchid.

Acknowledgements

My artistic influences came from the men I worked for and with during my career as a commercial artist/graphic designer: my first ad agency boss, Art Director Mario Donna, my second ad agency boss Art Director Ed Kelly, Bonanza Printers owner Steve Smith, and Mike Miller, who taught me how to put a warm color next to a cool color for visual impact.

For *Color Caro's Orchids of Ecuador* a special thanks to the University of Cuenca Orchidarium, where I was able to photograph several of these orchids, and especially to a nice gentleman there, Servando Morocho, who helped me identify the names of the orchids.

Thanks to Jennifer Martin for the Spanish translation.

Also thanks for support and encouragement from members of the Cuenca Adult Coloring Club, who kept asking, "When's the orchid book going to be done?"

I was inspired to design this book by a visit to an annual International Orchid show up here in the Andes in Cuenca, Ecuador.

Ecuagenera es una granja de orquídeas alrededor de dos kilómetros fuera de Cuenca en el camino hacia Gualaceo. Aquí se pueden comprar hermosas plantas de orquídeas.

También puede tomar un tour de orquídeas especializados en Ecuador, por lo general de dos a seis días.

Ecuador es un país maravilloso para el amante de la orquídea, ya que aproximadamente tres de cada diez plantas endémicas en Ecuador es una orquídea.

Expresiones de gratitud

Mis influencias artísticas provienen de los hombres con los que trabajaba y durante mi carrera como artista / diseñador gráfico comercial: mi primer jefe de agencia de publicidad, Director de Arte Mario Donna, mi segunda agencia de publicidad jefe Director de Arte Ed Kelly, propietario Impresoras Bonanza Steve Smith, y Mike Miller, que me enseñó a poner un color cálido junto a un color fresco para el impacto visual.

Para *las orquídeas del Ecuador de color Caro* un agradecimiento especial a la Universidad de Cuenca Orchidarium, donde tuve la oportunidad de fotografiar varias de estas orquídeas, y sobre todo a un buen caballero allí, Servando Morocho, que me ayudó a identificar los nombres de las orquídeas.

Gracias a Jennifer Martin para la traducción en español.

También gracias por el apoyo y el aliento de los miembros del Club de Cuenca Para Colorear Adulto, que se preguntaba: "¿Cuándo va a hacer el libro de orquídeas?"

Me he inspirado para diseñar este libro por una visita a una orquídea internacional anual hasta aquí en los Andes en Cuenca, Ecuador.

Parts of an Orchid

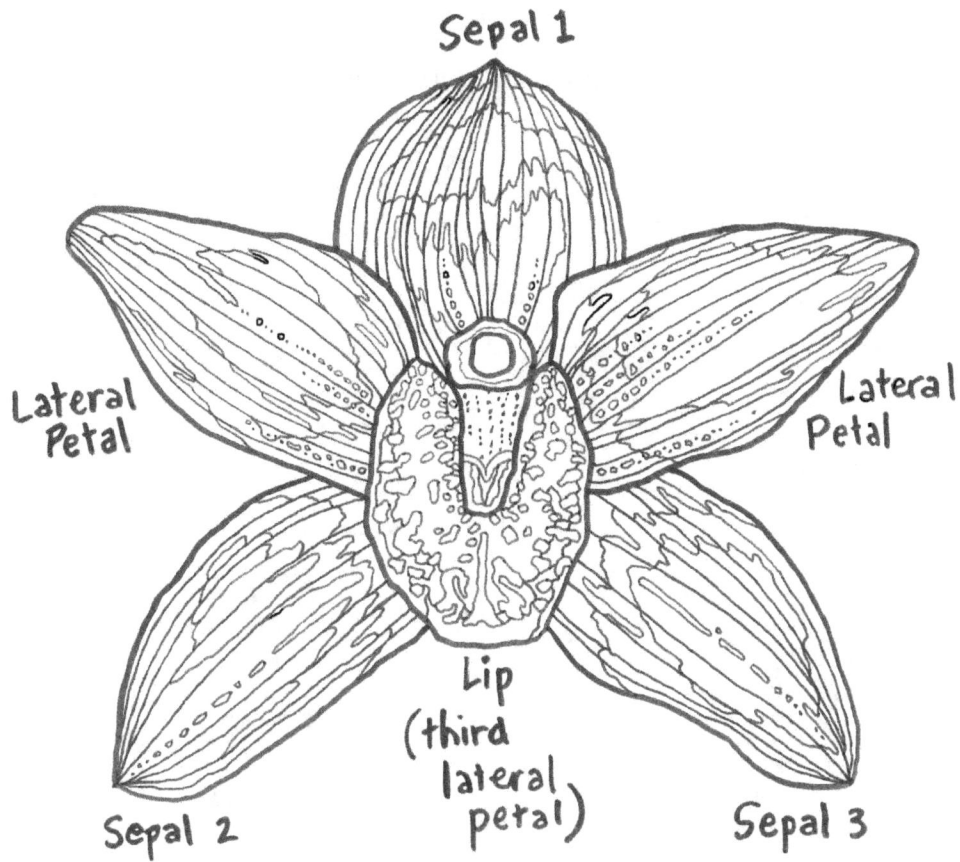

On each orchid flower are 3 SEPALS and 3 PETALS.

Often the 3 sepals are similar in color, pattern, and shape.

Two of the lateral petals are similar, but the third lateral petal differs in that it is lobed or cupped.

This third lateral petal is the lip or labellum. It's what attracts pollinators. It can also serve as a landing platform for insects.

The pistils and stamens are the sexual parts of the orchid. They're fused together in a COLUMN, set opposite the lip.

Sometimes these parts may be difficult to identify, for instance if the sepals are fused together or the two petals are so tiny they almost appear absent.

En cada flor de la orquídea son 3 sépalos y 3 pétalos.

A menudo los 3 sépalos son similares en color, el patrón y forma.

Dos de los pétalos laterales son similares, pero el tercer pétalo lateral se diferencia en que es lobulado o ahuecada.

Este tercer pétalo lateral es el labio o labelo. Es lo que atrae a los polinizadores. Tambien puede servir como una plataforma de aterrizaje para los insectos.

Los pistilos y estambres son las partes genitales de la orquídea. Están fusionados en una columna, situado frente al labio.

A veces, estas piezas pueden ser difíciles de identificar, por ejemplo, si los sépalos están fusionados juntos o los dos pétalos son tan pequeños que casi parecen

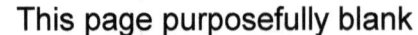
This page purposefully blank

Test Page

Whether you're using pencils, gel pens, or some other coloring medium, try it out here so you can see how it reacts to the paper. You'll want to know if the color will bleed through to the other side. If it does, you'll want to put a piece of paper behind the page you are coloring.

This page purposefully blank

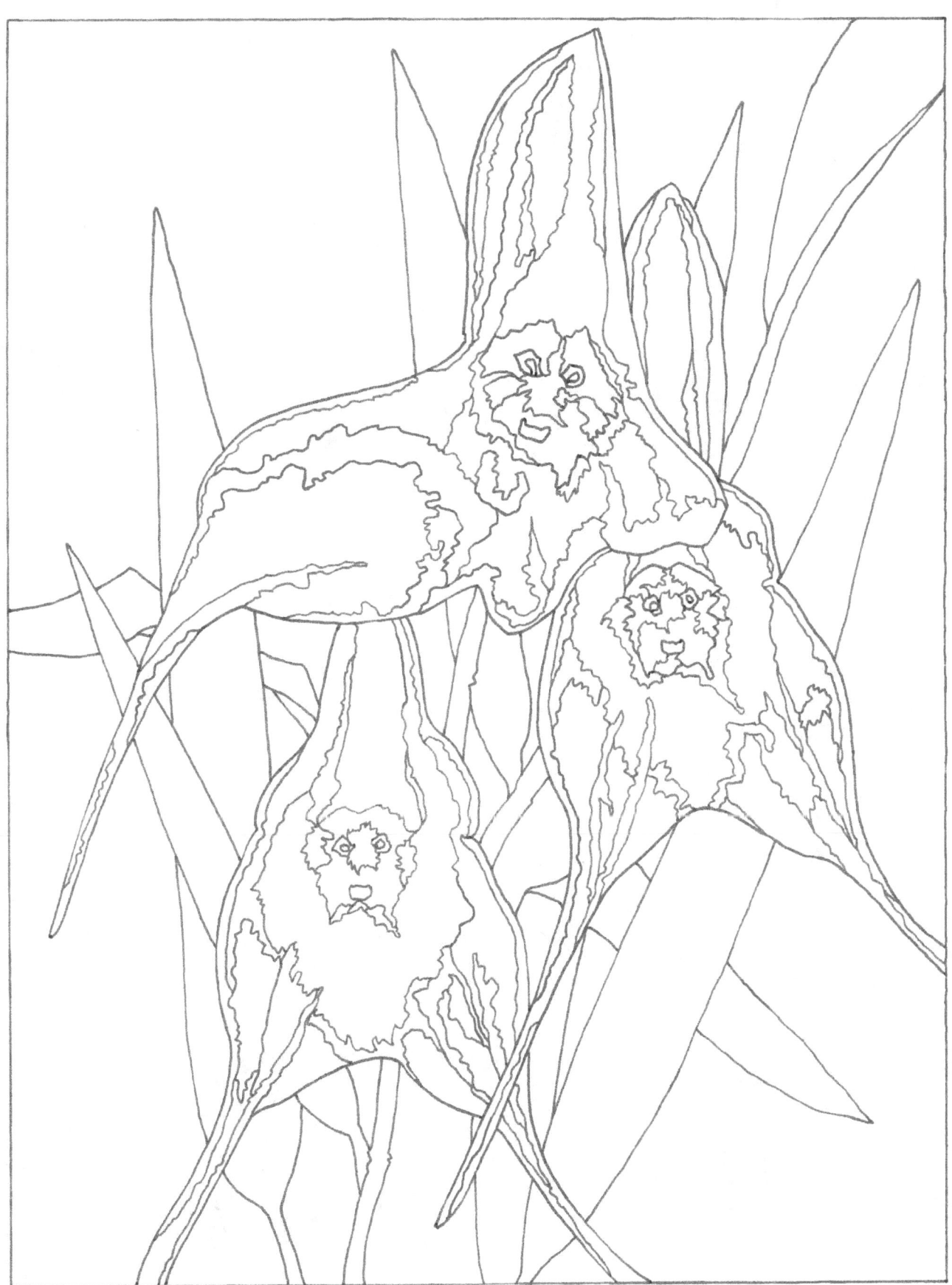

Dracula Gigas

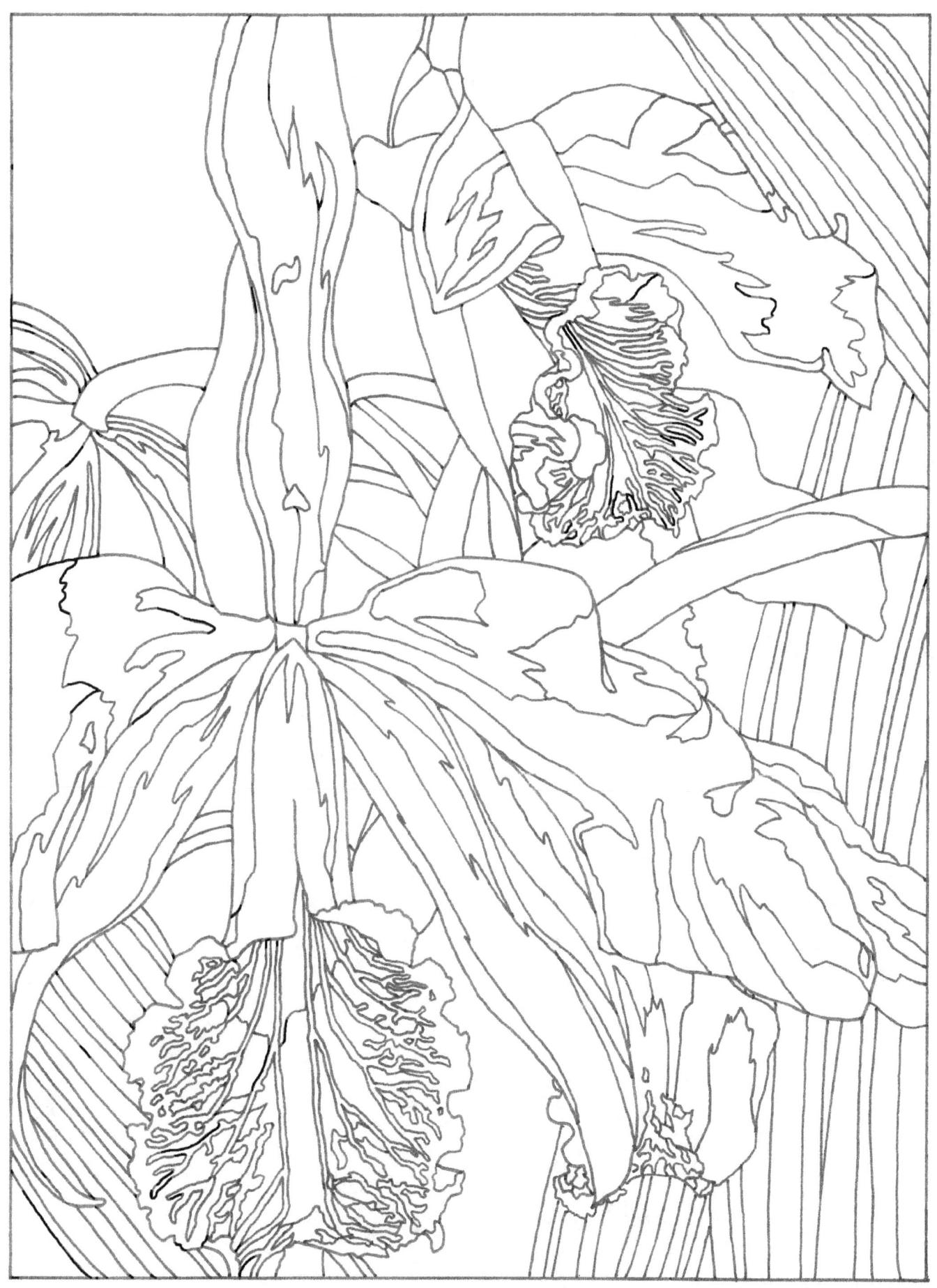

Cattleya maxima

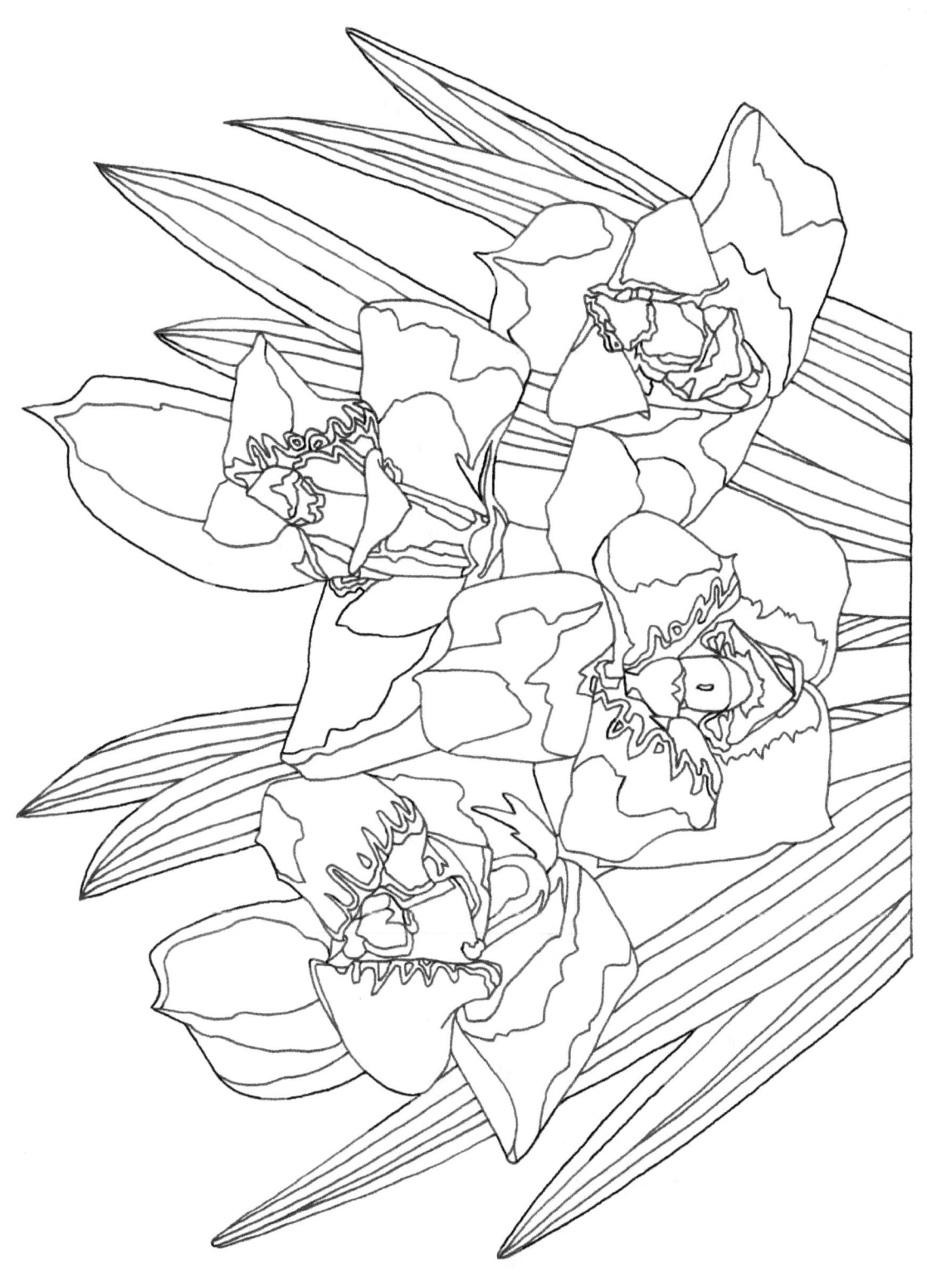

Maxilaria irrorata

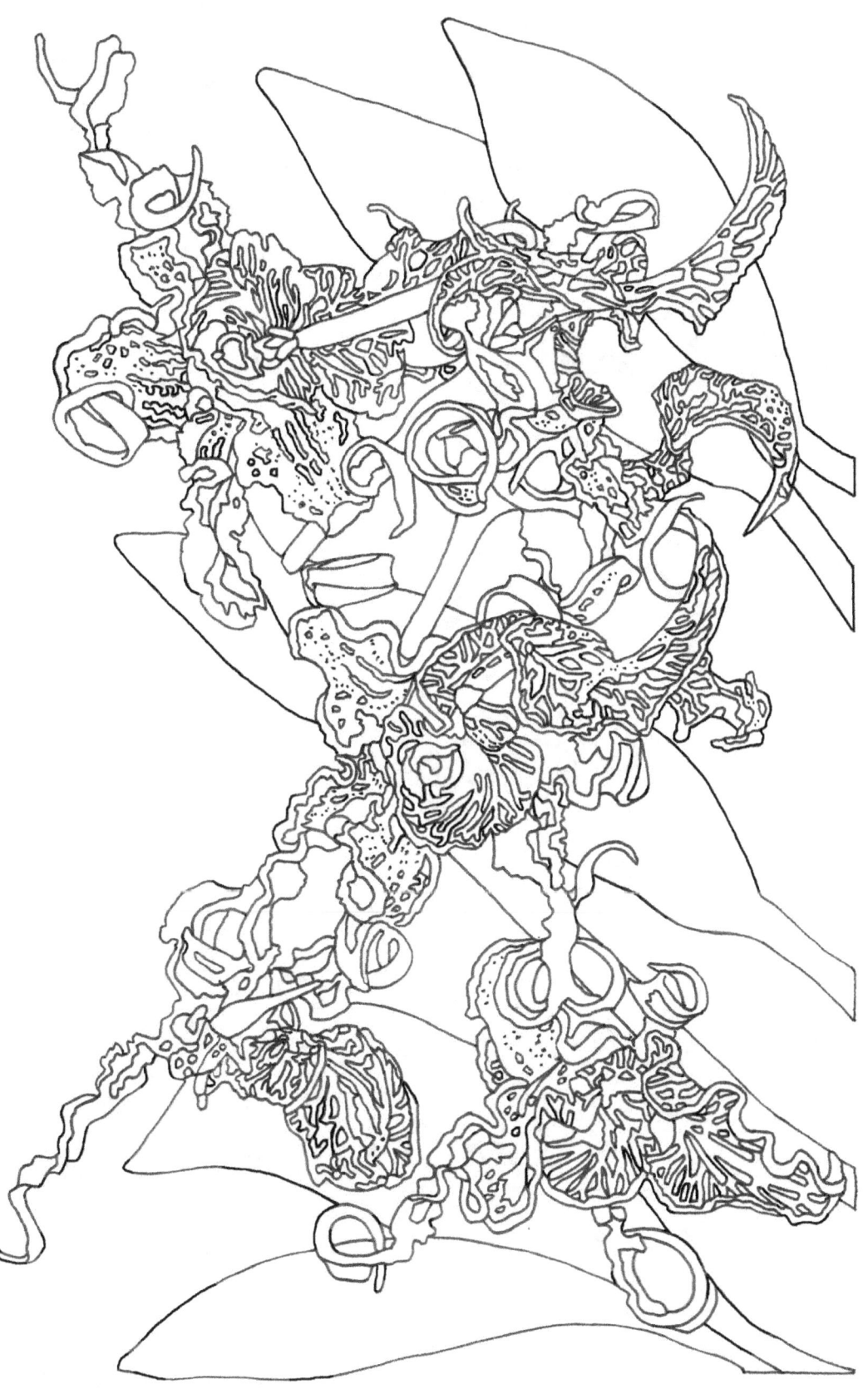

Dendrobium spectabile

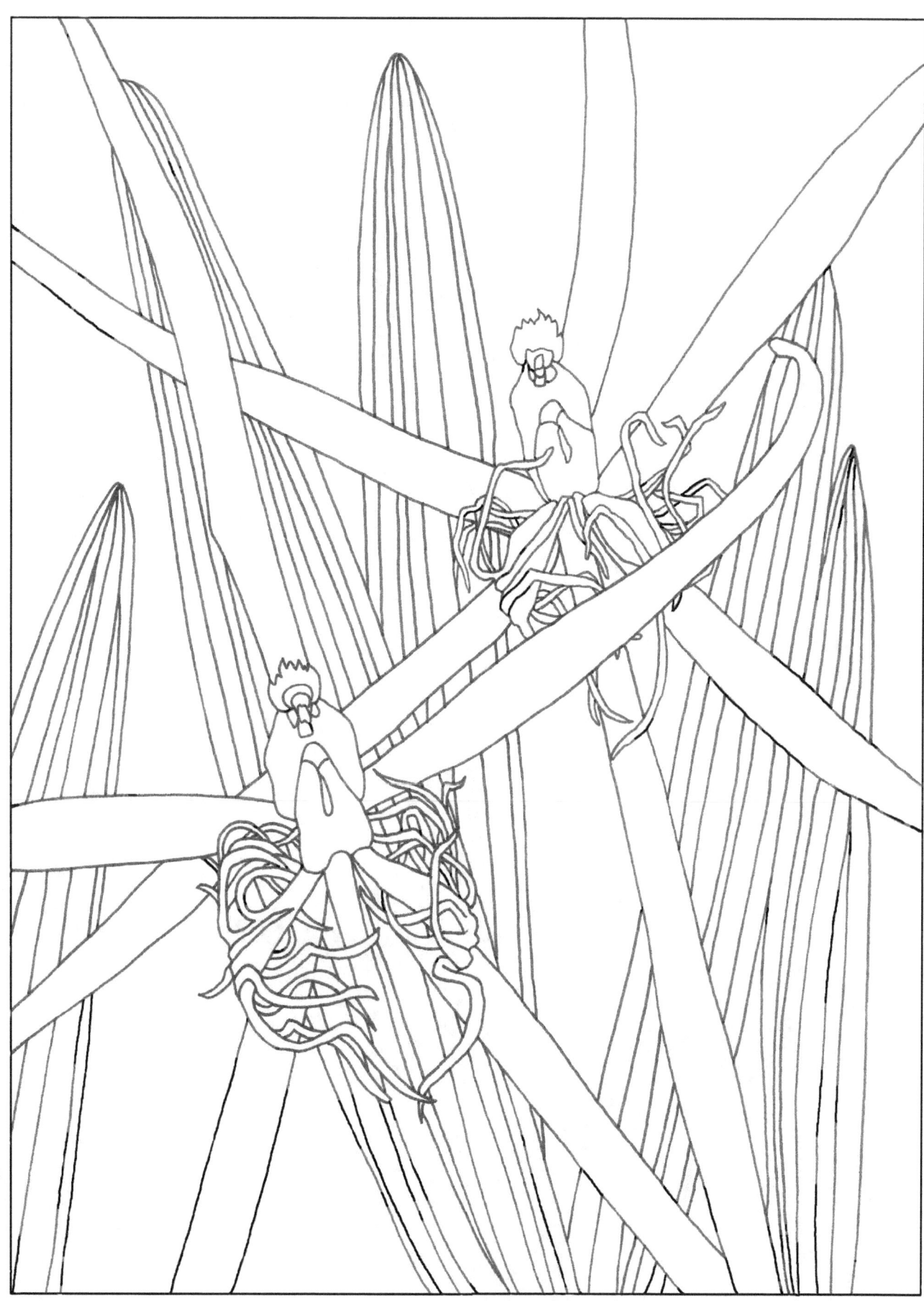

Epidendrum cilyare

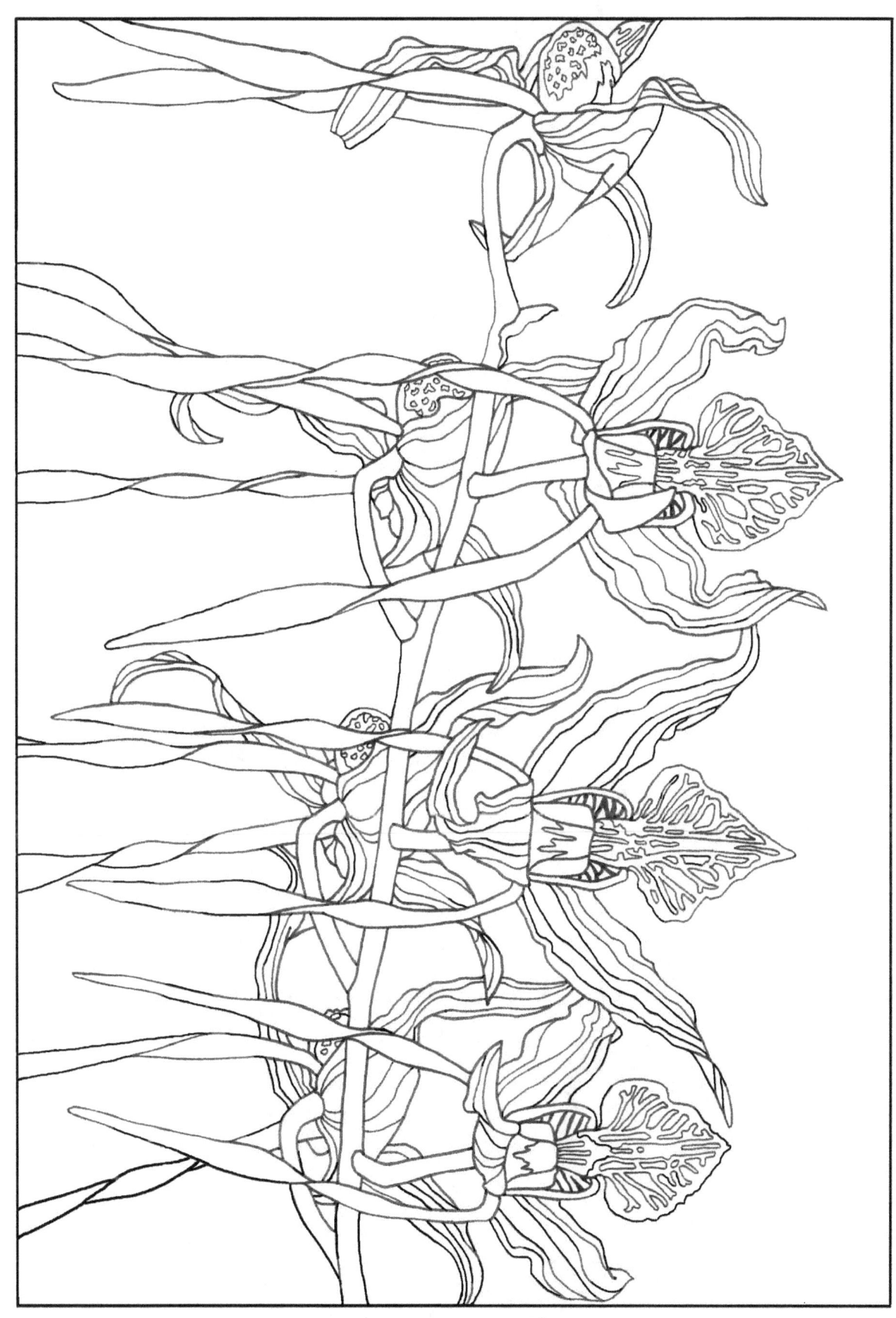

Dendrobium antennatum

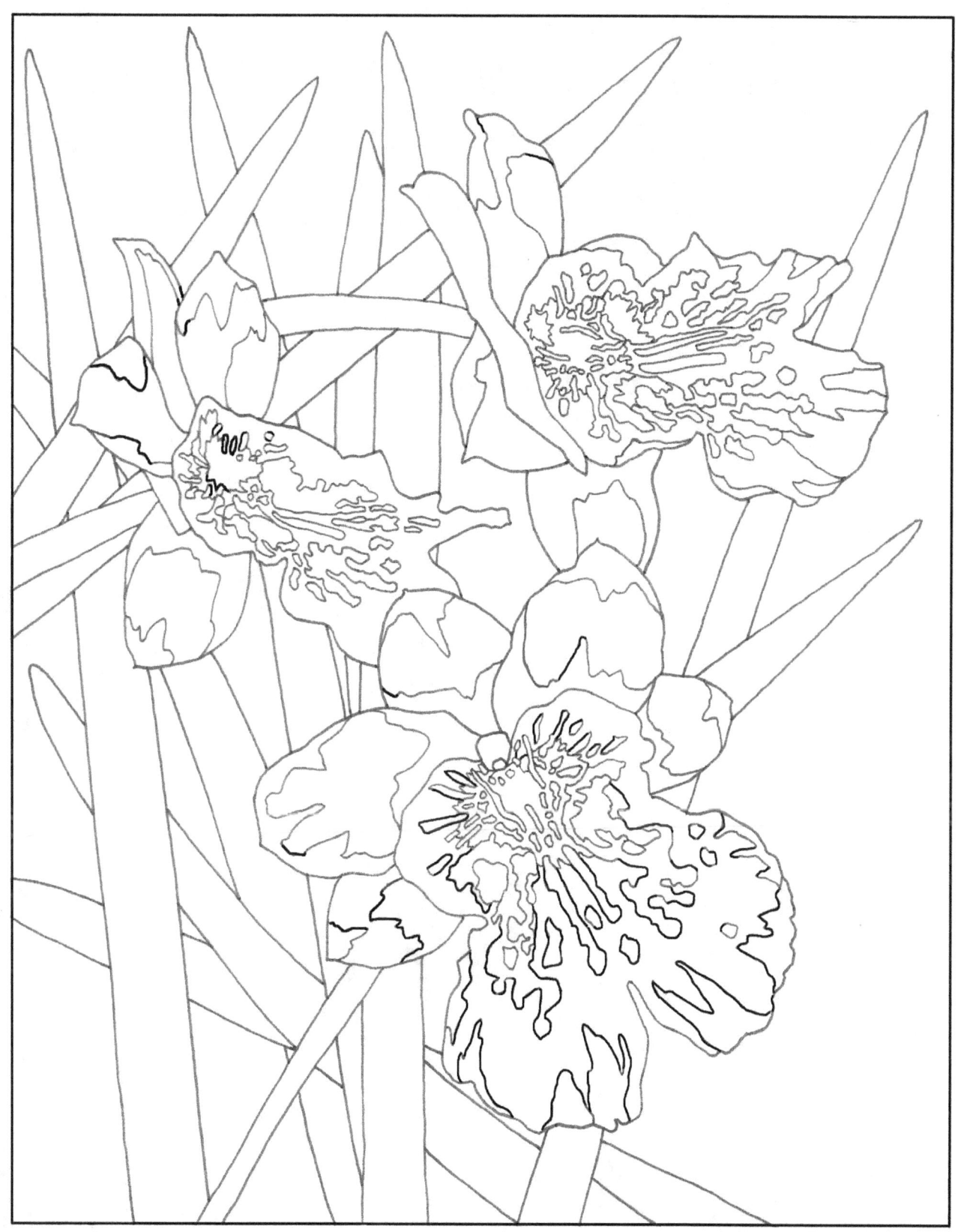

Miltoniopsis phalaenopsis

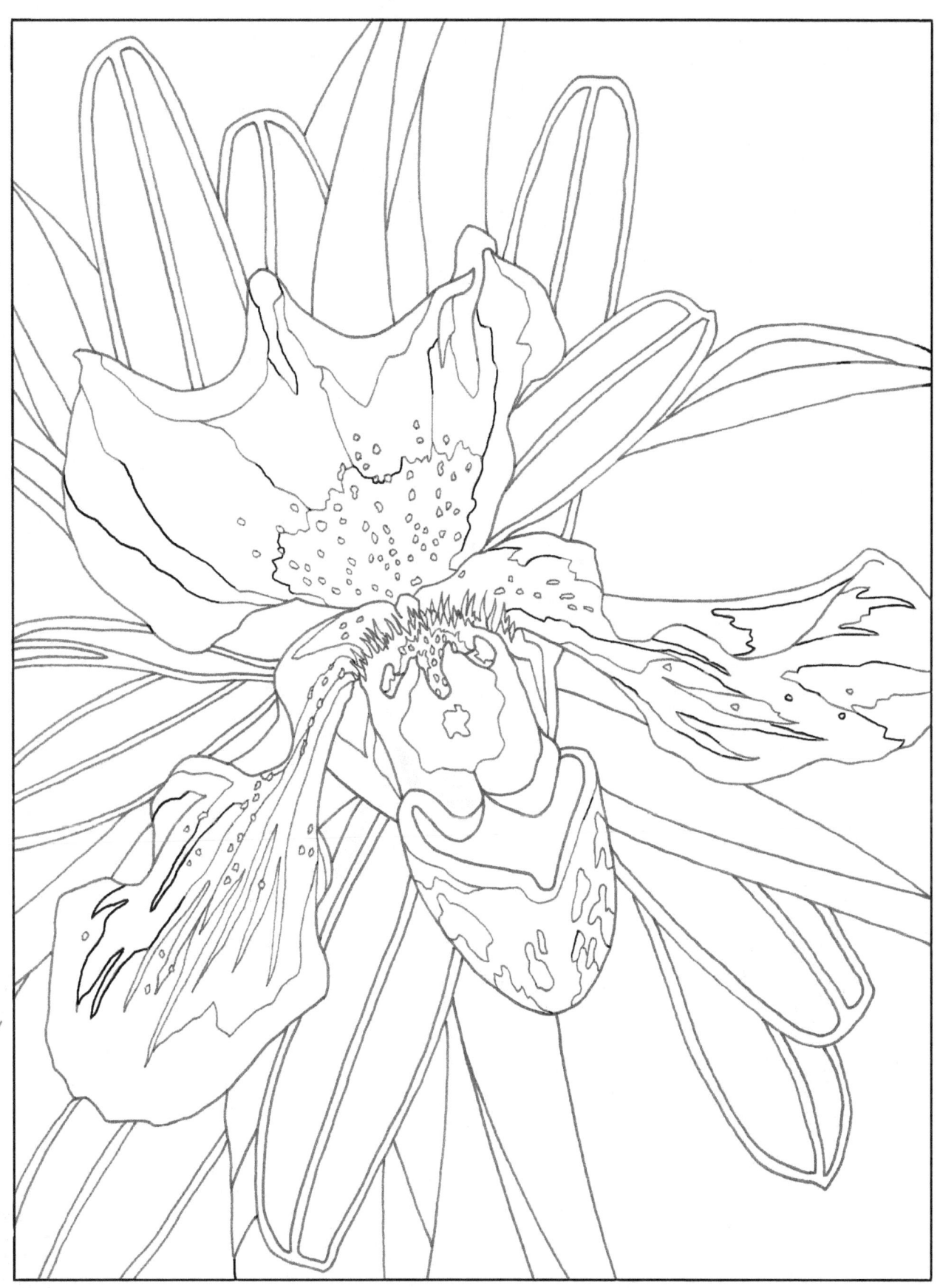

Paphiopedilum (hibrido)

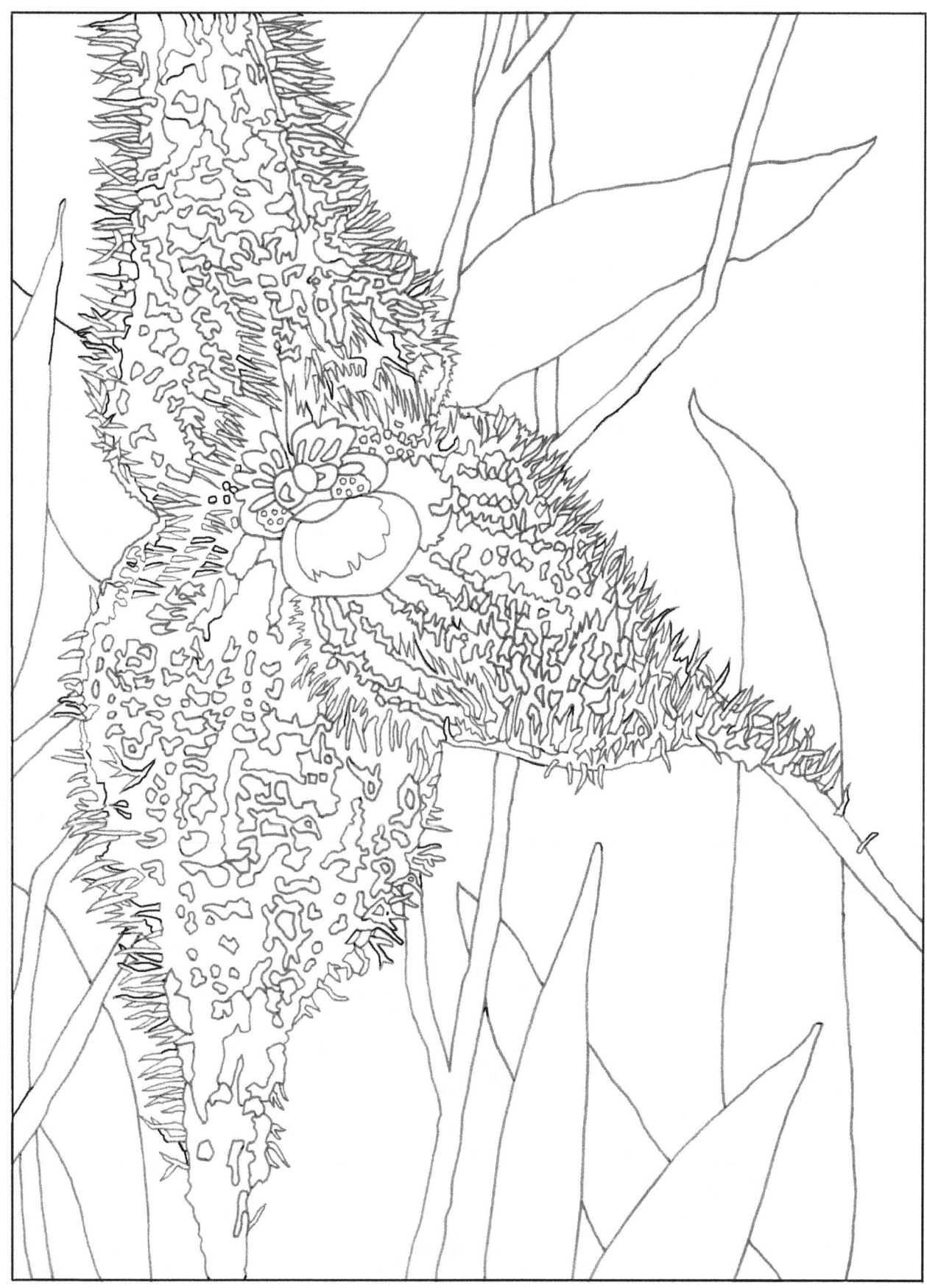

Dracula gigas

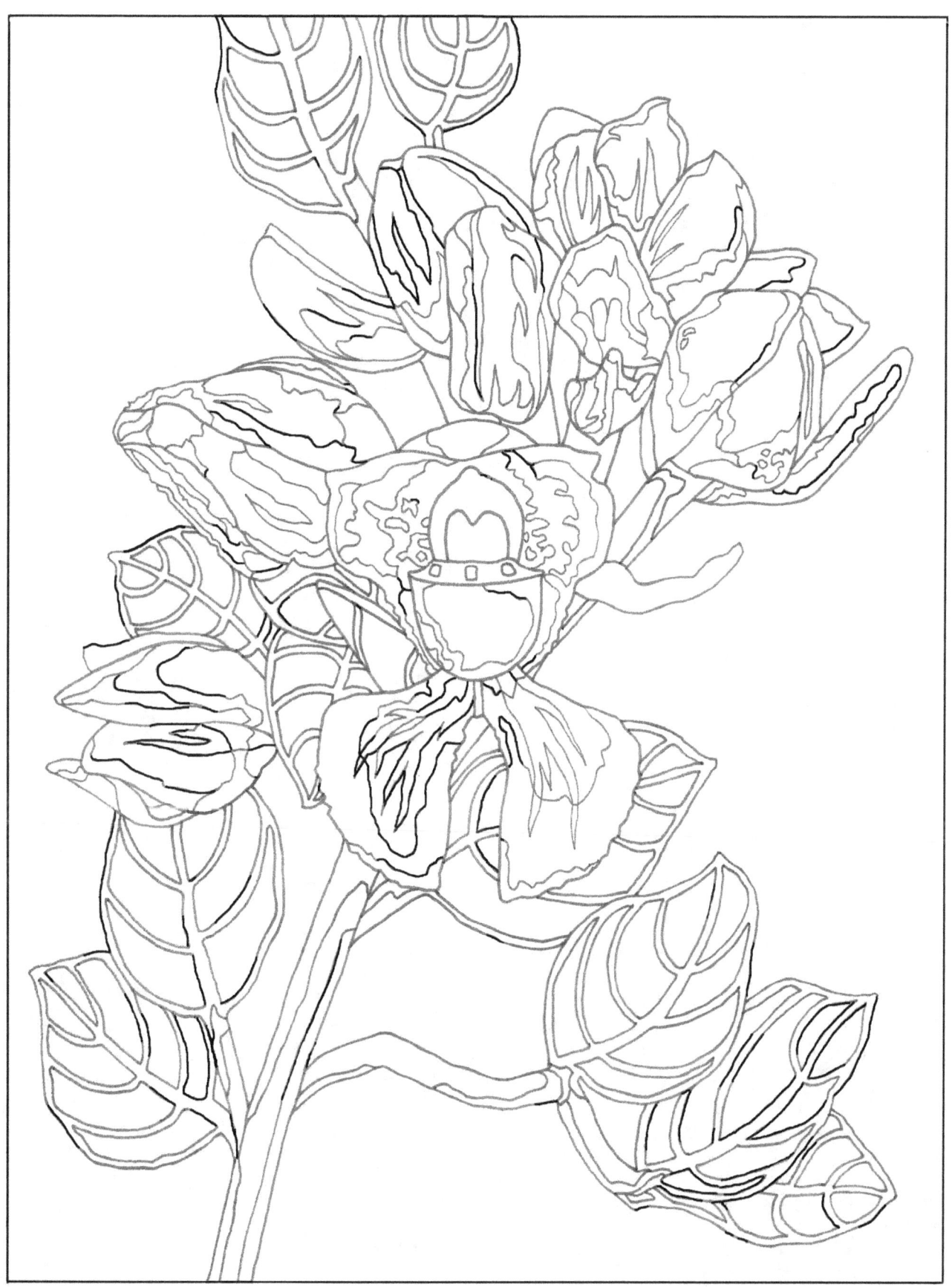

Govenia

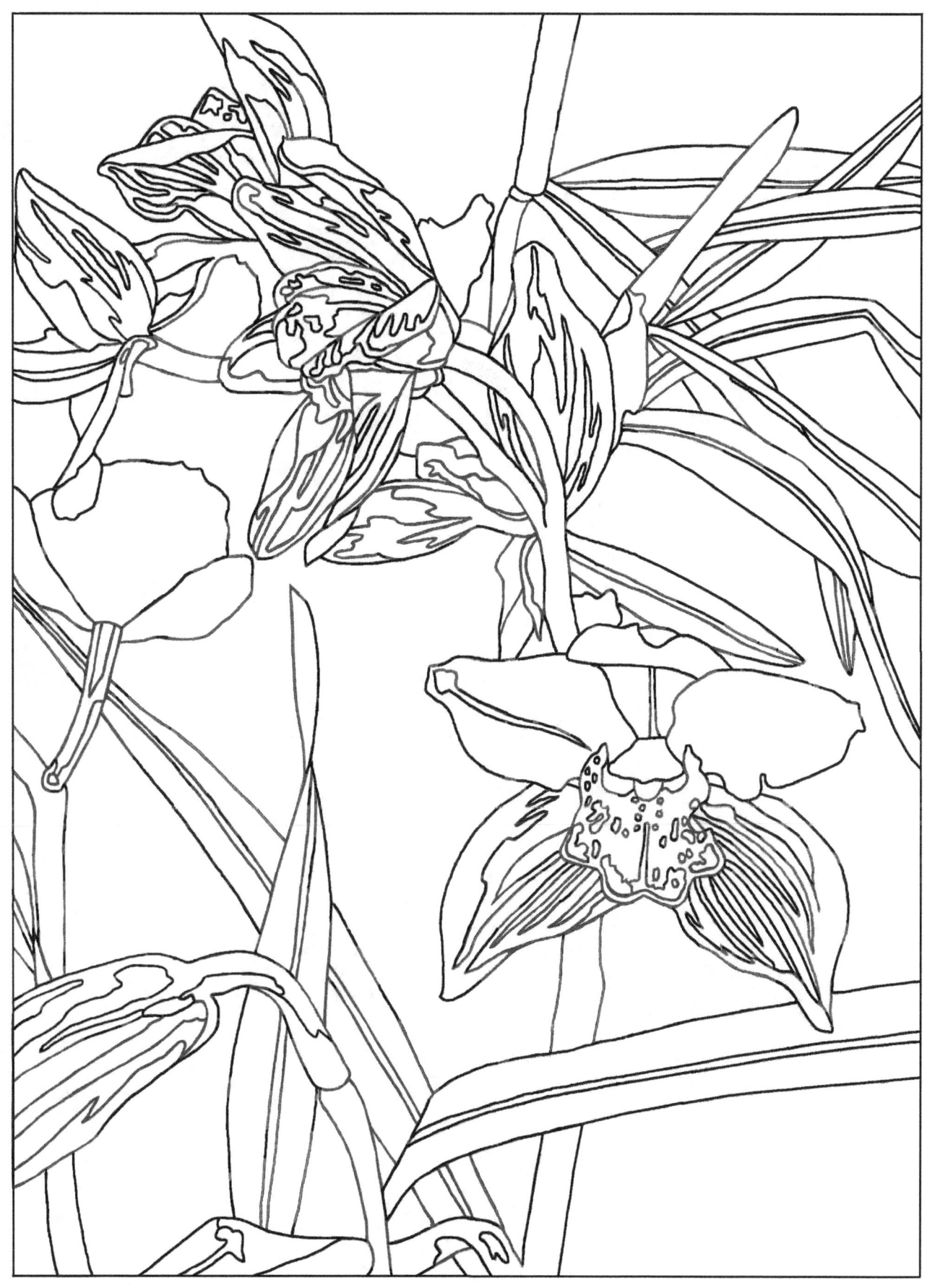

Hybrid cymbidium

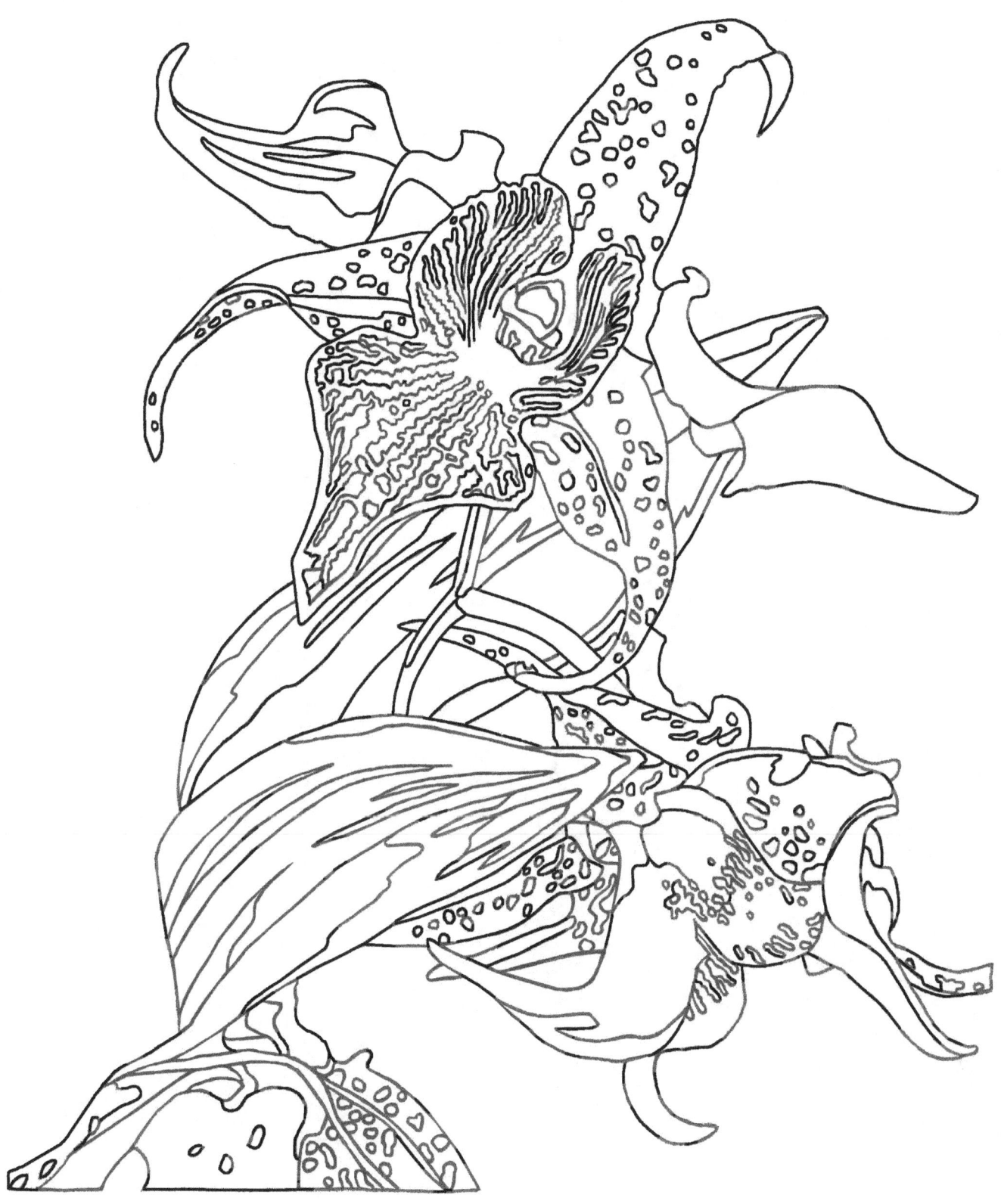

Lephantes

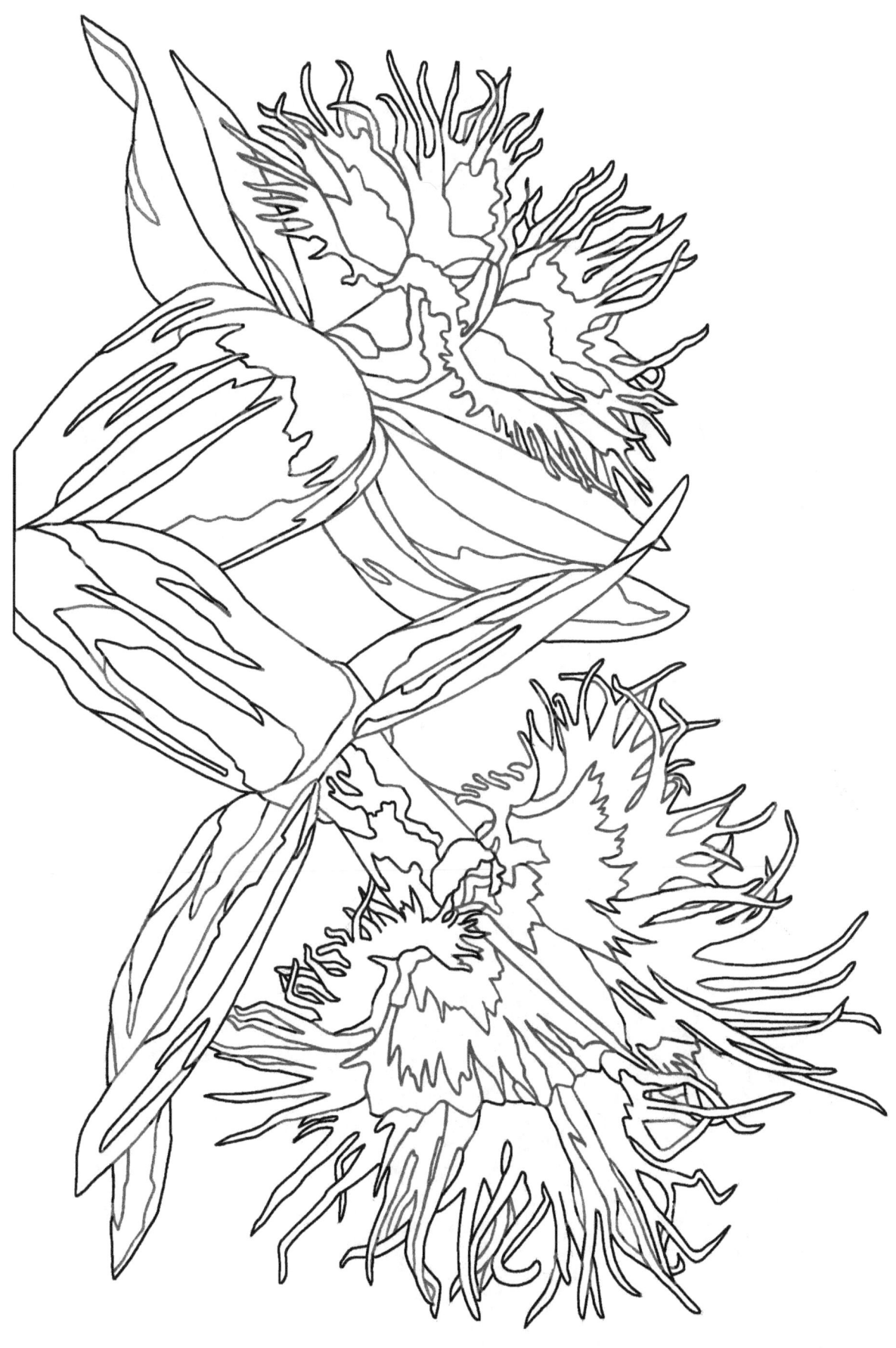

Medusa

Color Caro's Orchids of Ecuador © 2016 Swift House Press, Carolyn V. Hamilton

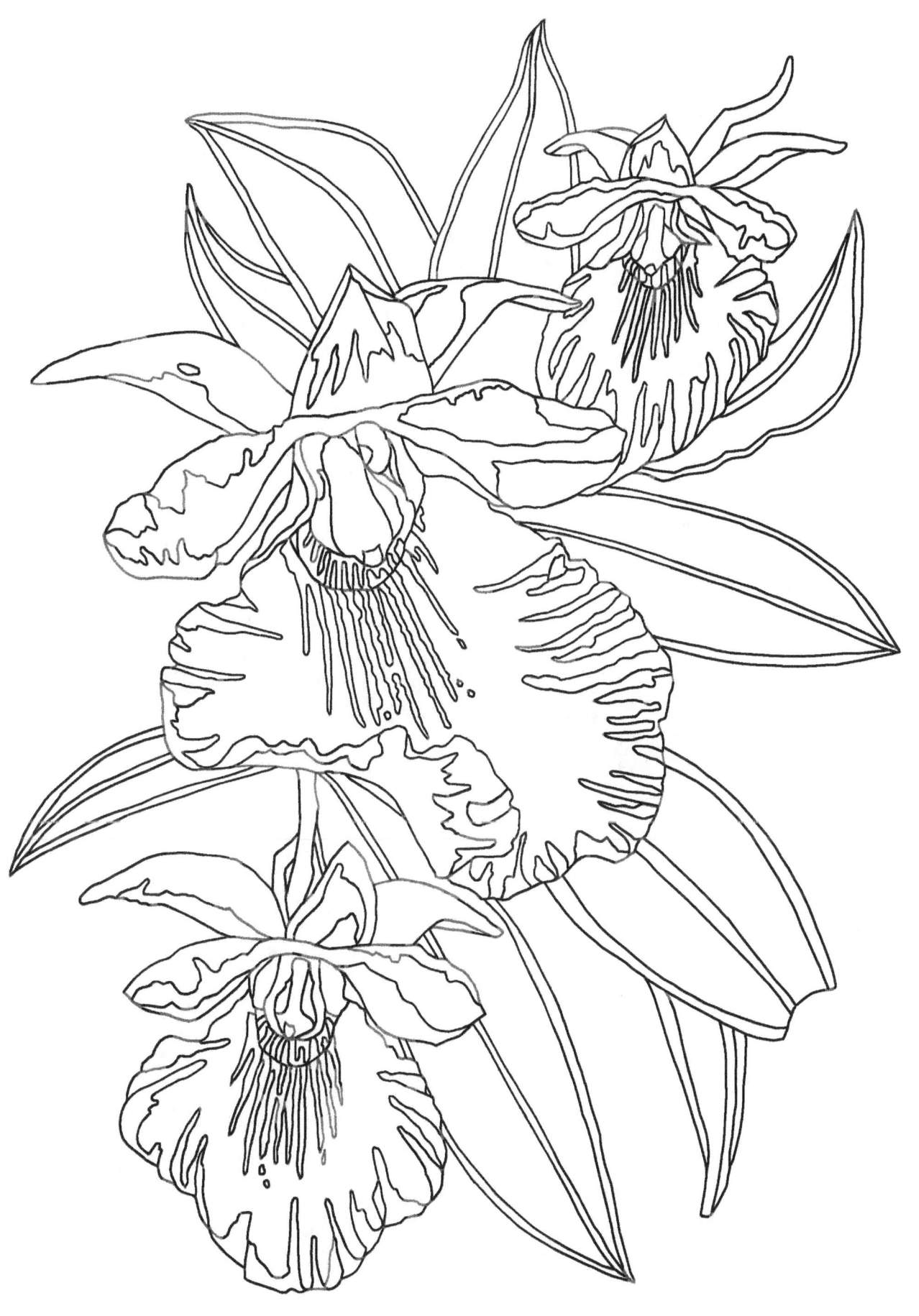

Cochleanthes amazonica

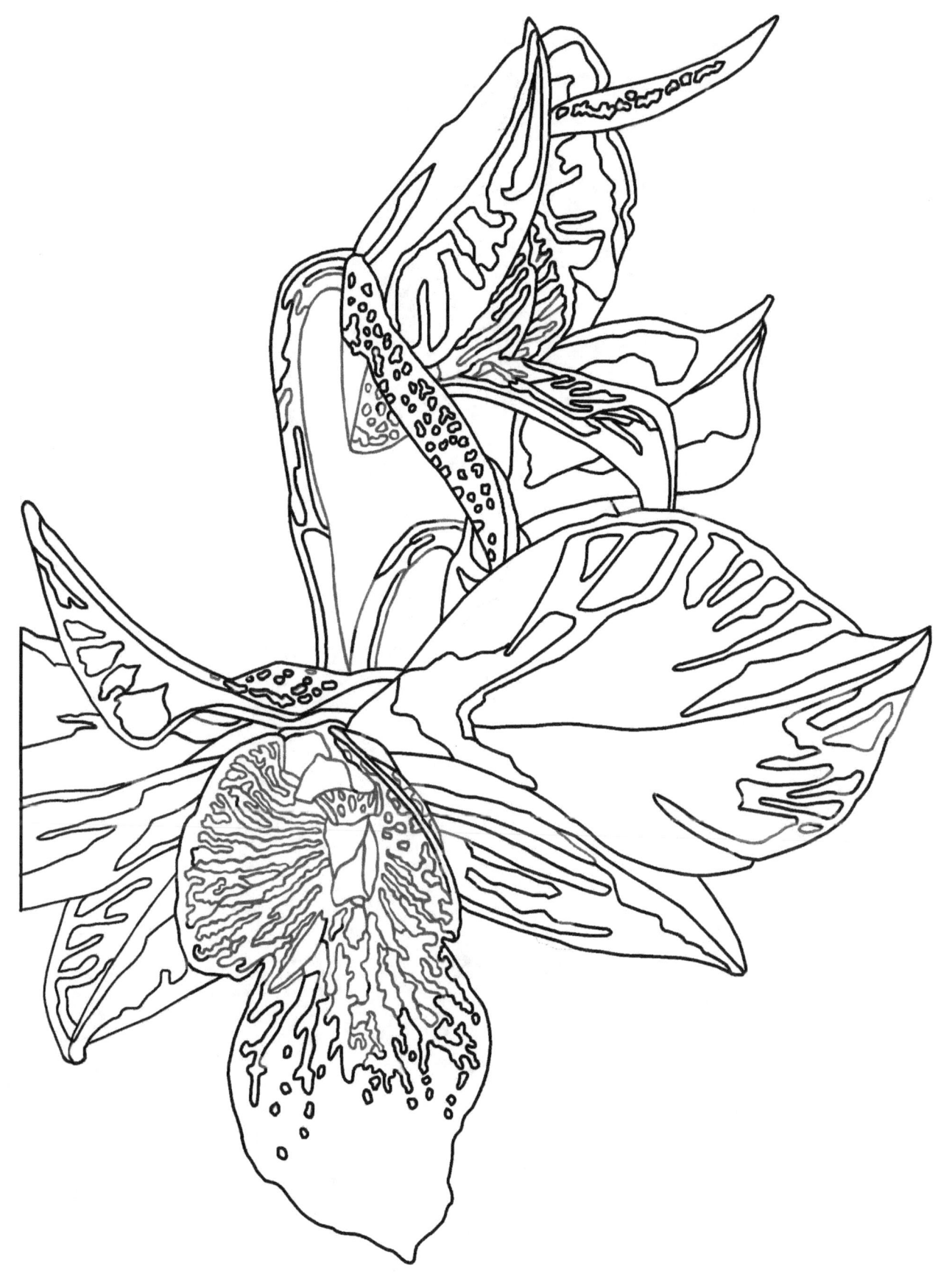

Dendrobium Silver King

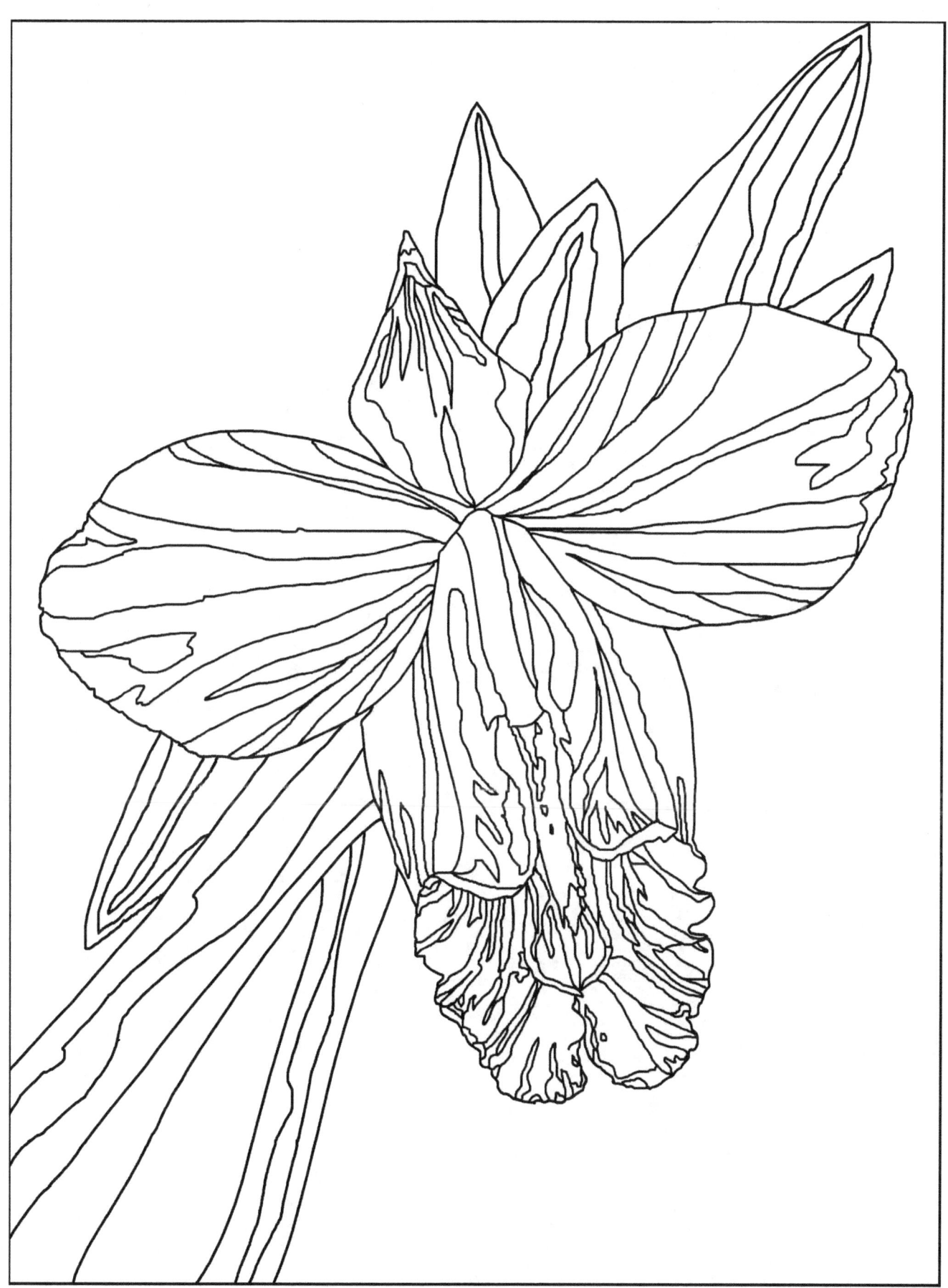

Arundina_graminifolia

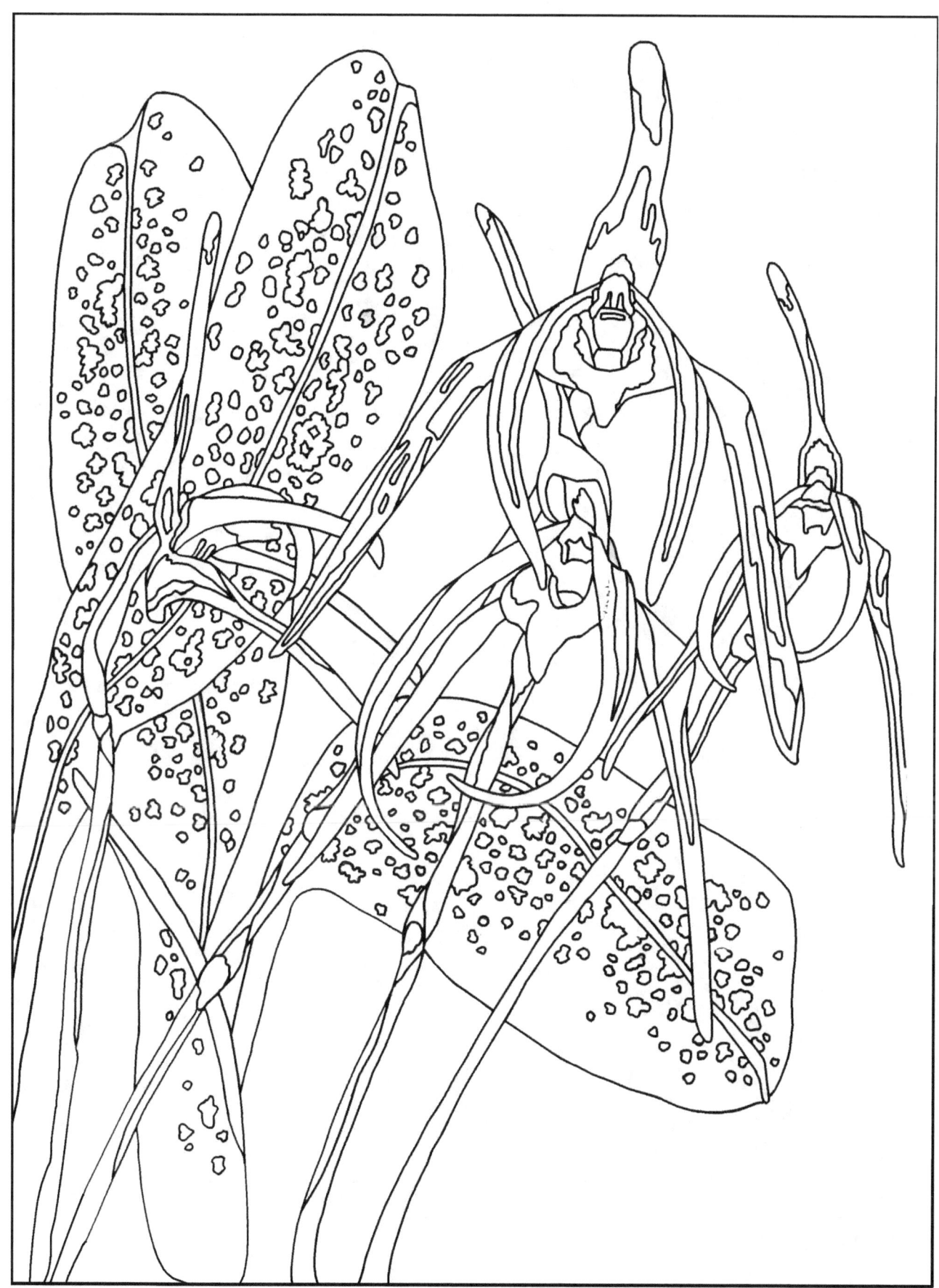

ScanMaxillaria reichenheimiana

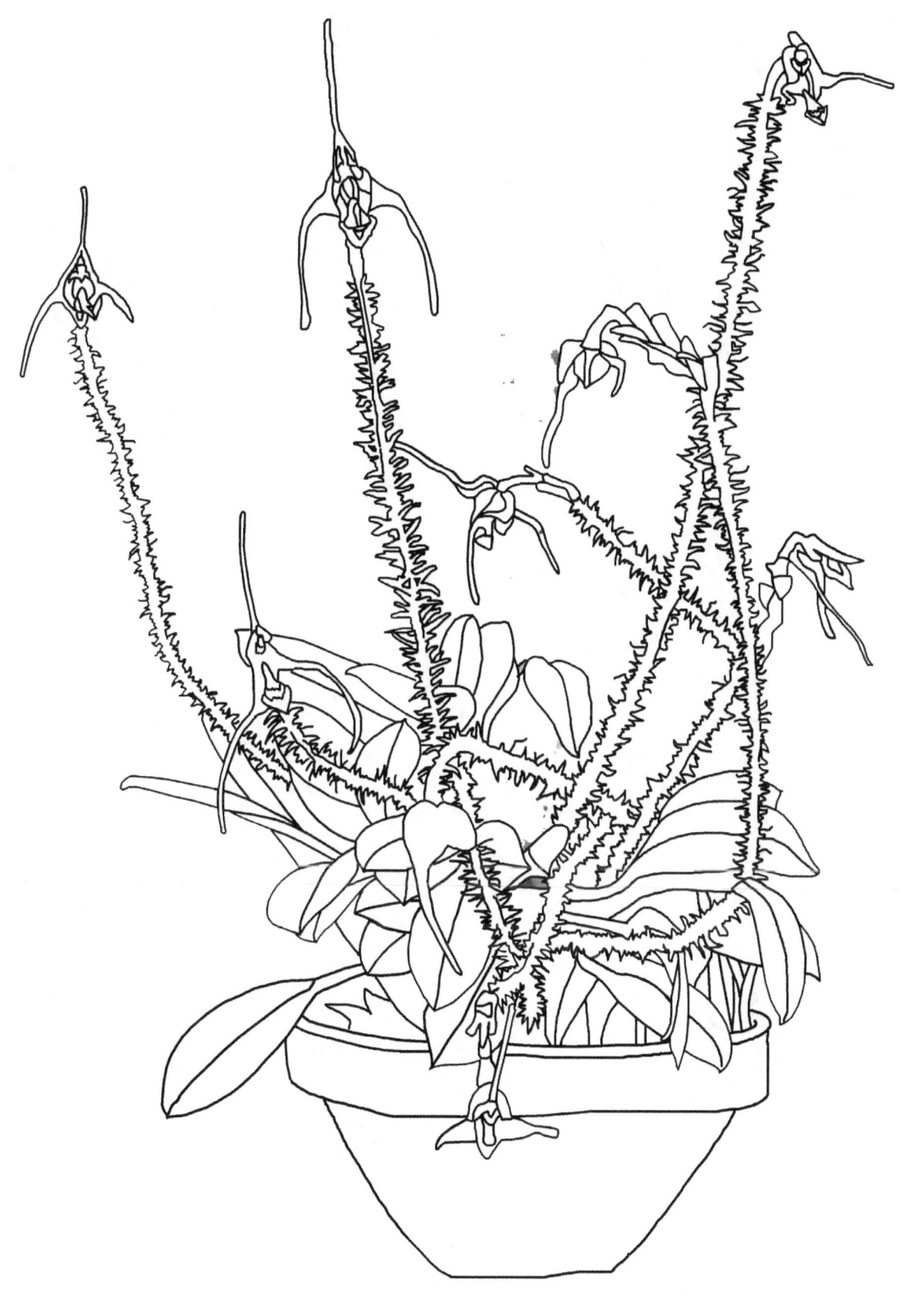

Porroglossum hystrix

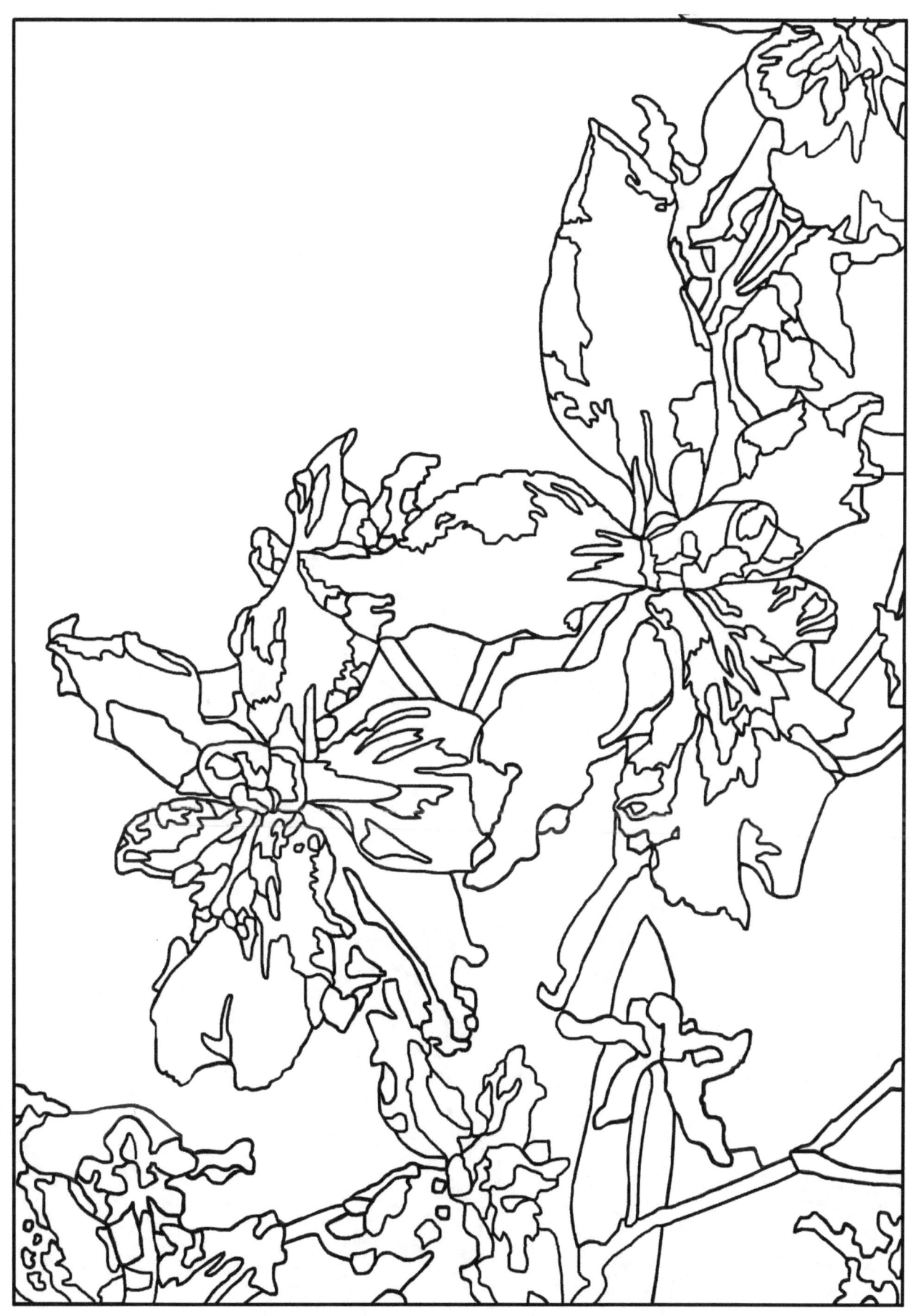

Wilsonara Blazing Lustre Night Ruby

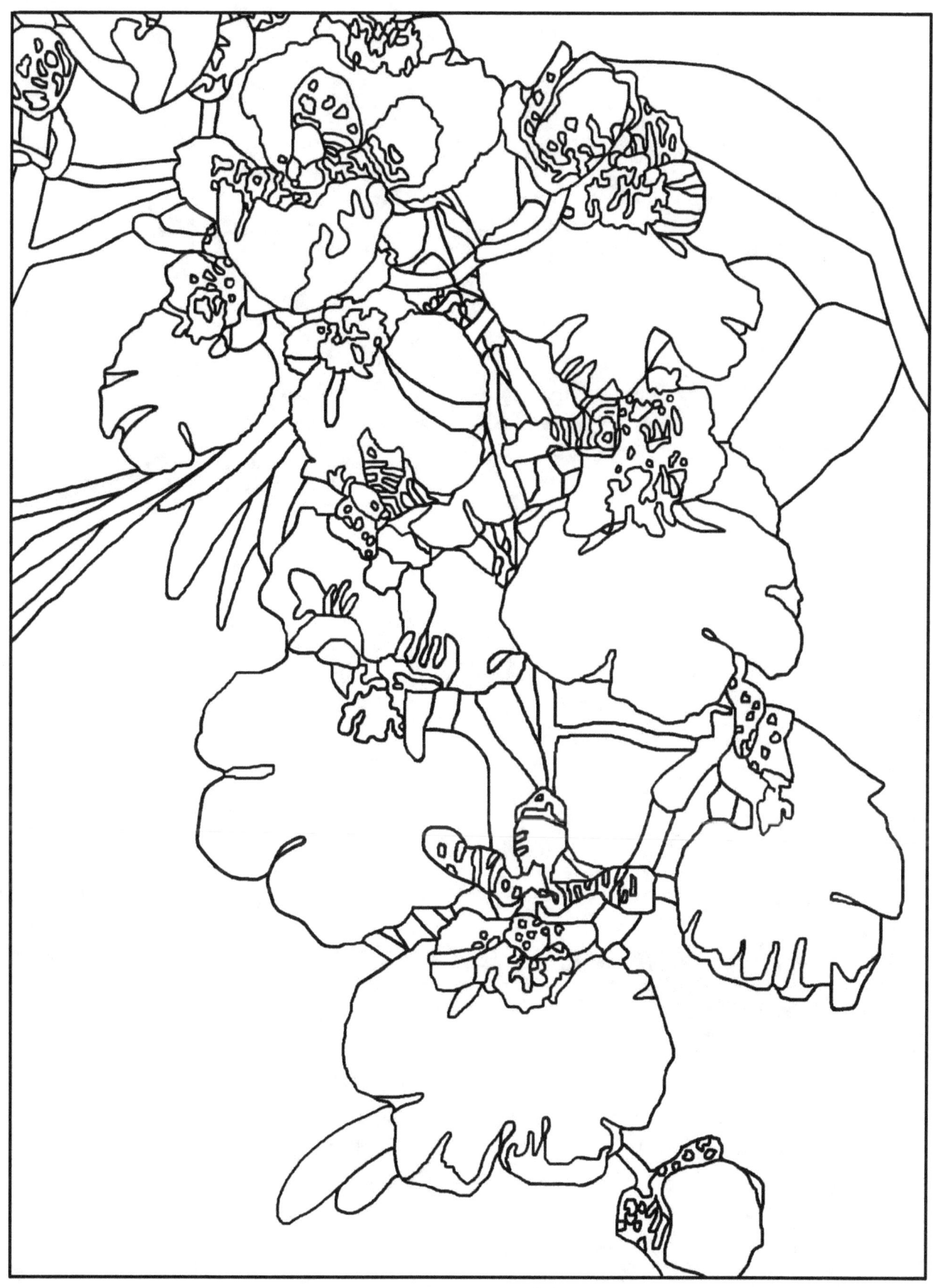

Oncydium yellow ballerina

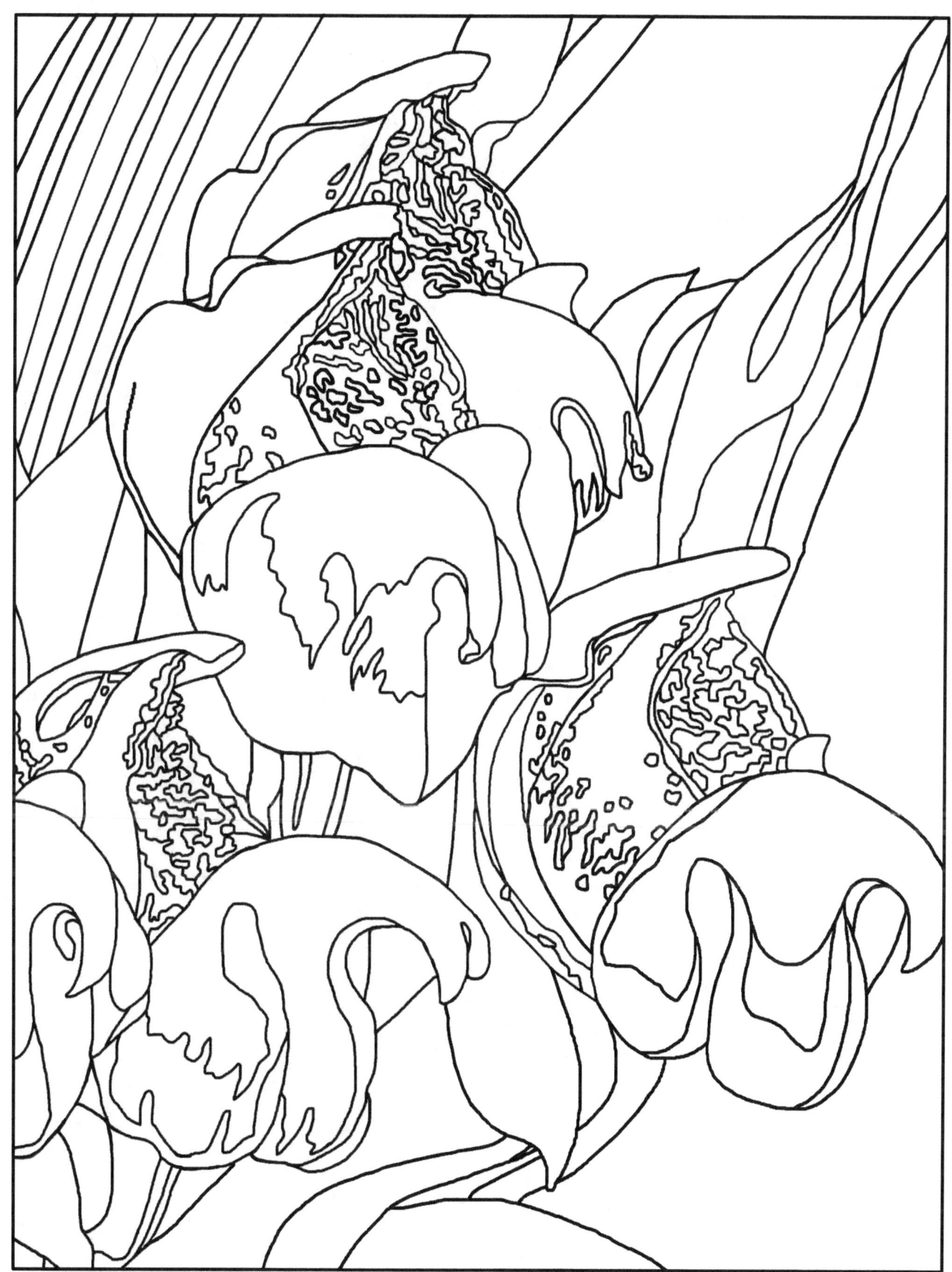

Anguloa cliftonii

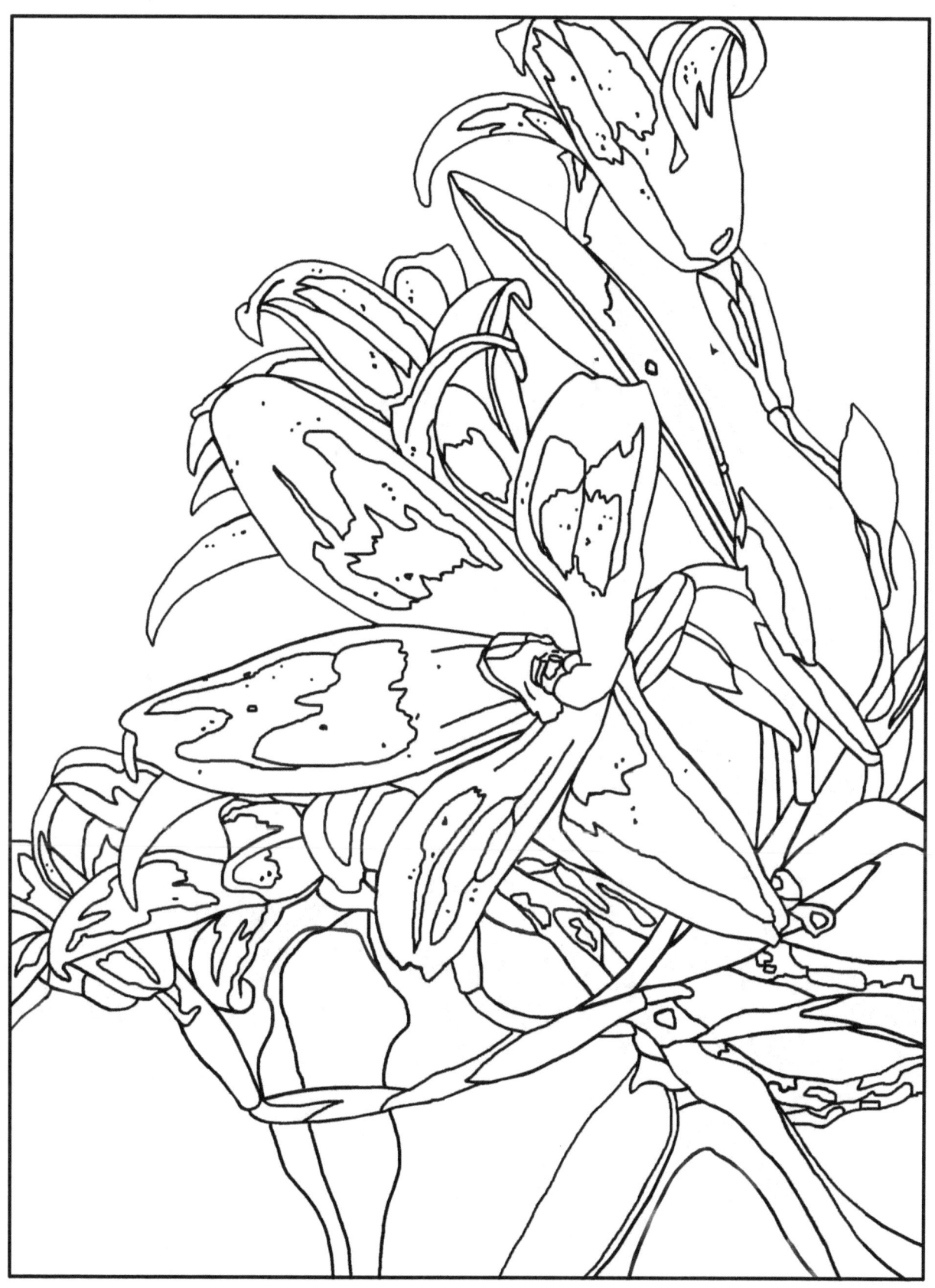

Maxillaria panama

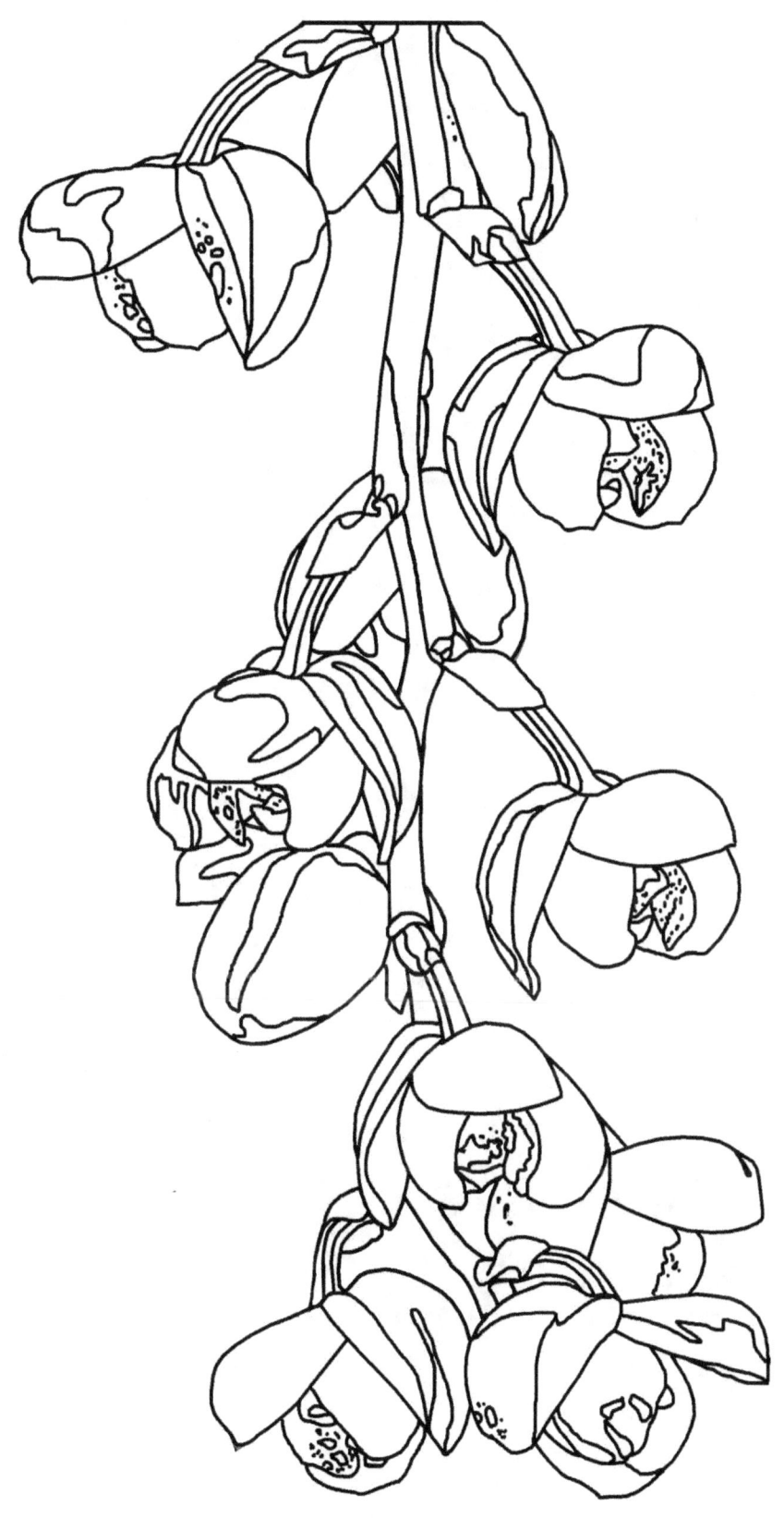

Acineta beyrodtiana

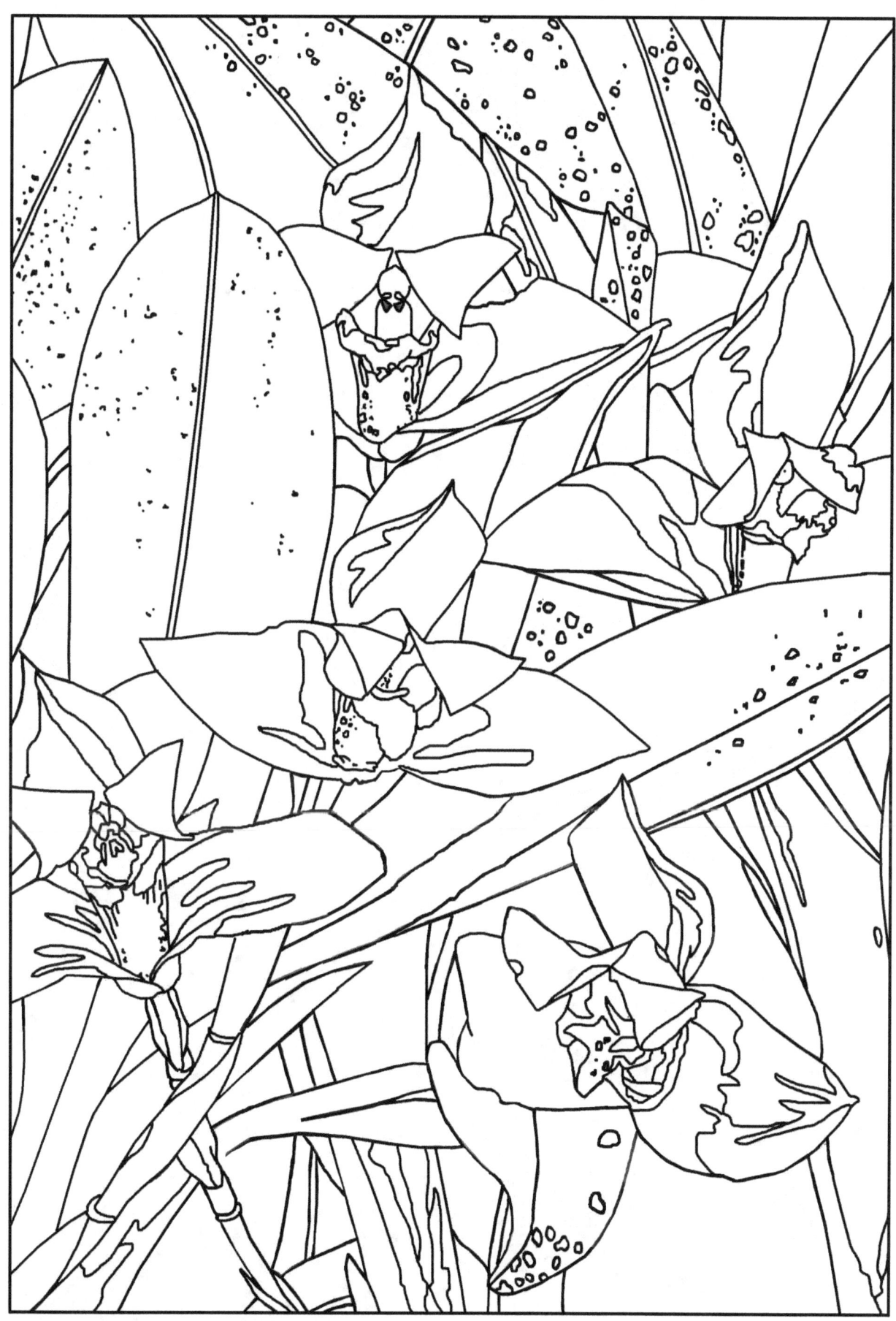

Maxillaria_grandiflora

Thank you so much for purchasing *Color Caro's Orchids of Ecuador* adult coloring book.

For more of my original coloring designs, check out my shop at Etsy: www.etsy.com/shop/CaroColoringArt

Also be sure to visit my website, www.CaroColoringArt.com, where I'll be sharing coloring tips, hosting monthly coloring contests and more.

ABOUT THE ARTIST

Carolyn V. Hamilton (CARO) is a published author and retired graphic designer and advertising professional. In her art career, she has created hundreds of logos for businesses and professionals, designed outdoor billboards, and created illustrations for brochures and magazine articles. A graduate of Los Angeles Trade Technical College with an A.A. in Commercial Art, she went on to earn her B.A. in Liberal Arts from Antioch University Seattle. In her "spare time" she has painted portraits in oil on canvas and large interior murals with acrylic paints. In the 1990s she began art journaling during travels around the globe with her actor/comedian husband, Cork Proctor. Now retired to Cuenca, Ecuador, she teaches writing classes as well as art classes. For more information on Carolyn V. Hamilton's fiction and non-fiction books, go to www.carolynvhamilton.com.

If you have any comments, nice or otherwise, on my designs, or any ideas for images you'd like to see, please e-mail me directly at caromodernart@gmail.com

Otros adultos libros de colorante de Caro:
Other Adult Coloring Books by Caro:

Color Caro's

Mystic Mandalas

and

The Art

¡Muchas gracias por la compra de *las orquídeas de Ecuador* para dar color adulto de color Caro.

Para más de mis diseños originales para colorear, hecha un vistazo a mi tienda en Etsy: www.etsy.com/shop/CaroColoringArt

También asegúrese de visitar mi página web, www.CaroColoringArt.com, donde voy a compartir consejos para colorear, colorear alojamiento concursos mensuales y más.

SOBRE LA ARTISTA

Carolyn V. Hamilton (CARO) es un autor publicado y diseñador profesional de la publicidad gráfica y se retiró. En su carrera de arte, ha creado cientos de logotipos para empresas y profesionales, diseñados vallas al aire libre, y ha creado ilustraciones para folletos y artículos de revistas. Un graduado de Los Ángeles Technical College El comercio con un AA en el arte comercial, que pasó a ganar su licenciatura en Artes Liberales de la Universidad de Seattle Antioquía. En su "tiempo libre" que ha pintado retratos en óleo sobre lienzo y grandes murales interiores con pinturas acrílicas. En la década de 1990 comenzó un diario de arte durante viajes por todo el mundo con su agente / comedio marido, Cork Proctor. Ahora retirado a Cuenca, Ecuador, imparte clases de escritura, así como clases de arte. Para obtener más información acerca de ficción y no ficción de Carolyn V. Hamilton, ir a www.carolynvhamilton.com.

Si usted tiene algún comentario, agradable o no, en mis diseños, o alguna idea para las imágenes que le gustaría ver, por favor E-mail directamente a la caromodernart@gmail.com

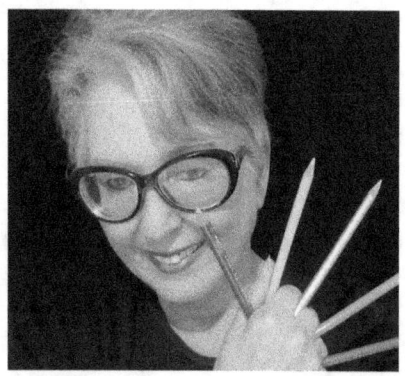